DER NEUE
KINDER
KOSMOS

**Tiere in Feld
und Wiese**

Eva-Maria Dreyer · Hildburg Thiemeyer

Tiere in Feld und Wiese

Franckh - Kosmos

4 Liebe Kinder,

es gibt nichts Schöneres als eine blühende Wiese. Da tummeln sich unendlich viele Tiere in einem Meer duftender Blumen. Heufalter, Blutströpfchen und Kaisermantel gaukeln durch die Luft. Bienen und Hummeln summen eifrig von Blüte zu Blüte. Im Gras zirpen Heuschrecken und Grillen für ihre Weibchen, und hoch oben am Himmel singt eine Lerche ihre Jubellieder.

Als Kinder schlenderten wir gerne durch diese bunte Welt. Wir pflückten hier Geburtstagssträuße, banden uns Blumenkränze ins Haar oder sahen zu, wie sich die Löwenzahnstengel im Bachwasser zu wunderschönen Kringeln rollten. Wir schlossen Freundschaft mit Grillen, die wir aus ihren Schlupflöchern herausgekitzelt hatten oder setzten uns still ins Gras und spielten ein Duett mit dem Großen Heupferd. Und wenn wir eine Erdhummel beim Nektarstehlen ertappten, rührten wir uns nicht von der Stelle.

Dann kam die Heuernte. Unsere Zeit der Wiesenherrlichkeit war erst mal vorbei. Oft liefen wir beim Mähen hinter dem Traktor her und waren traurig, daß die Tiere der Wiese nun ihr Zuhause verloren. Aber kaum zwei Monate später grünte und blühte es von neuem. Margeriten und Sonnenröschen, Hahnenfuß, Wiesensalbei und Thymian leuchteten wieder um die Wette und lockten Tausende von Insekten an. Und die Lerche sang immer noch ihr Lied direkt aus dem Himmel.

Wiesen so bunt wie Flickenteppiche gibt es auch heute noch. Sie sind wie damals immer eine Entdeckungsreise wert.

Eva-Maria Dreyer

Inhalt

Register 5
Auf der Seite 63 gibt es
eine Liste von wichtigen
Namen und Begriffen,
die in diesem Buch
vorkommen. Sie sind
nach dem Alphabet
geordnet, damit du
ganz schnell und gezielt
die Buchseite finden
kannst, auf der mehr
darüber steht.

Kleines Lexikon
Auf den Seiten 61 und 62
gibt es ein kleines
Lexikon, das Wörter,
die in diesem Buch
vorkommen und die du
vielleicht noch nicht
kennst, erkärt.

Die meisten Tiere, die in
diesem Buch beschrieben
werden, sind sehr klein.
Damit du dir ihre Größe
besser vorstellen kannst,
haben wir hier ein Maß-
band abgebildet.

Frühling auf der Wiese

Die Frühlingssonne lockt. Auf der Wiese erwacht das Leben. Eine Lerche steigt jubelnd in den Himmel, Zitronenfalter flattern durch die Luft, und Bienen naschen den ersten Zuckersaft.

Auch die Tiere tief unten im Reich des Wiesenbodens spüren die Wärme der Sonne. Regenwürmer fressen wieder kleine Gänge durch die Erde, und der Maulwurf türmt Tag für Tag ein paar neue Hügel auf. Er möchte Frühlingsluft schnuppern in seinem unterirdischen Bau.

Nach dem ersten milden Märzregen herrscht vor allem nachts reges Treiben auf der Wiese. Viele hundert Frösche, Kröten und Molche kommen aus ihren Winterverstecken und eilen auf altvertrauten Wegen zum nächsten Teich.

Eines Morgens sind die Kiebitze von ihrer Winterreise zurückgekehrt. Hungrig stochern sie im weichen Wiesenboden nach Regenwürmern und kleinen Schnecken. Noch leben alle in einem großen Schwarm, doch

Auf einer Frühlingswiese gehen Erdkröten auf große Wanderschaft, Kampfläufermännchen treffen sich zu Schaukämpfen, und Kraniche führen ihre Balztänze auf.

bald werden sie sich auf der Wiese verteilen. Einzelne Männchen schauen sich schon nach einer Nestmulde um und bieten sie ihrem Weibchen an. Und wenn das Gras erst hoch genug gewachsen ist, baut jedes Kiebitzpaar ein Nest und brütet.

Spannend wird es auf der Wiese, wenn Kampfläufer gelandet sind. Kampfläufermännchen tragen bunte Balzkleider und führen richtige Schaukämpfe vor ihren Weibchen auf.

Wer sich am besten aufplustern kann und am wildesten umherhüpft, macht sicherlich den größten Eindruck.

Am allerschönsten aber ist die Brautwerbung der Kraniche. Diese großen grauen Vögel tänzeln mit weit ausgebreiteten Flügeln umeinander, machen hohe Luftsprünge und tiefe Verbeugungen. Dabei hört man immer wieder ihr lautes »Gru Gru«. Wie Trompetenstöße klingen diese Rufe über die Wiese. Nun ist der Winter endgültig vorbei.

8 Zwei Feldhasen sausen über die Wiese. Im Zickzackkurs geht es auf und ab. Die beiden laufen, als ginge es um ihr Leben. Nur manchmal unterbrechen sie die wilde Jagd für einen kurzen Zweikampf: Sie richten sich auf, und dann trommelt jeder mit den Krallen seiner Vorderpfoten auf den anderen ein.

Wenn Feldhasen sich in wilden Hetzjagden verfolgen oder wie Boxer aufeinander losgehen, dann ist Paarungszeit. In den ersten Februartagen liefern sich männliche Hasen erbitterte Rivalenkämpfe um die weiblichen Tiere. Ein paar Wochen später sind sie wieder friedliche Einzelgänger, keiner kümmert sich mehr um den anderen. Auch Männchen und Weibchen gehen nun wieder eigene Wege.

Der Feldhase

Größe:	Körperlänge 50 bis 70 cm, Gewicht 3 bis 7 kg
Nahrung:	Gräser, Kräuter, Wurzeln, im Winter auch Rinde
Lebenszeit:	etwa 12 Jahre
Feinde:	Marder, Fuchs, Habicht
Besondere Merkmale:	lange, bewegliche Ohren; lange, kräftige Hinterbeine
Typisches Verhalten:	flieht im Zickzackkurs vor seinen Feinden

Wußtest du,
daß ein flüchtender Hase Geschwindigkeiten bis zu 70 Stundenkilometer erreichen kann?

Junge Feldhasen werden im hohen Gras einer Wiese geboren. Ihre Mutter versteckt sie in einer Bodenmulde und läßt sie allein. Feldhasenweibchen bleiben nicht ständig bei ihren Kindern und beschützen sie. Für die Kleinen ist das auch nicht weiter schlimm. Sie haben in den ersten Lebenstagen noch keinen Eigengeruch und sind deshalb vor ihren Feinden sicher. Außerdem werden sie mit einem dichten Fell geboren und müssen nicht ständig von ihren Eltern gewärmt werden wie andere Tierkinder. Sie brauchen nur regelmäßig die Milch ihrer Mutter, sonst würden sie verhungern. Das weiß die Häsin genau. Etwa drei Wochen lang kommt sie stets zu ihren Kindern zurück und säugt sie. Erst danach bleibt sie weg. Aber dann wird sie auch nicht mehr gebraucht. Junge Hasen sind in diesem Alter bereits selbständig. Sie hoppeln durch die Wiese und nagen Grashalme ab.

Mit seinen großen aufgestellten Ohren hört der Feldhase auch die leisesten Geräusche. So kann er drohende Gefahren schnell erkennen und rechtzeitig fliehen.

Im Frühling toben sich Feldhasen so richtig aus. Dabei vergessen sie jede Vorsicht und werden deshalb oft ein Opfer ihrer zahlreichen Feinde.

Die Larve der Wiesen-
schaumzikade wohnt in
einem Schaumbad.

Diese Wiese voller   die Kinderstube
Wiesenschaumkraut ist   der Schaumzikaden.

Gut versteckt

»Wenn das Wiesenschaumkraut blüht und der Kuckuck schreit, ist der Frühling nicht mehr weit«, sagt eine alte Bauernregel. Genauso ist es auch. Das Wiesenschaumkraut eröffnet den Blumenreigen des Jahres. Nach einem warmen Aprilregen überzieht diese schöne Pflanze jede feuchte Wiese mit ihren zartrosafarbigen Blüten.

Möchtest du wissen, woher das Wiesenschaumkraut seinen Namen hat? Dann schau dir einige der runden Pflanzenstengel genau an. Unterhalb der Blüten kleben oft kleine schaumige Tröpfchen an den Stengeln. Kuckucksspeichel nennt man sie. Aber der Kuckuck hat mit diesen Schaumtröpfchen nichts zu tun. Sie stammen von der Wiesenschaumzikade.

Im letzten Herbst versteckten viele Zikadenweibchen ihre Eier in Ritzen und Spalten des Wiesengrases. Jetzt im Frühling schlüpfen daraus kleine Larven. Nach dem langen Winter haben sie einen Riesenhunger. Sie klettern am Stengel des Wiesenschaumkrauts empor, stechen das Gewebe an und saugen den Pflanzensaft auf. Von nun an rühren sie sich nicht mehr von der Stelle, bis sie erwachsen sind. Wenn man aber immer an ein und demselben Platz sitzen muß, wird man eine leichte Beute für räuberische Ameisen. Aber die Zikadenkinder überlisten ihre Feinde mit

einem tollen Trick: Sie zaubern sich eine Tarnkappe aus Schaum. Hier sind sie sicher, denn Ameisen lieben es nicht, im Schaumbad nach Eßbarem zu fischen.

Erst wenn die Zikadenkinder fliegen können, verlassen sie ihr Schaumnest. Dann hörst du an warmen Sommertagen ihre leise Zirpmusik. Sehr melodisch klingt sie leider nicht. Sie erinnert ein wenig an summende Modellflugzeuge.

Auch Larven und Puppen der Aurorafalter verstehen es, ihre Feinde zu täuschen. Sie ahmen sehr geschickt Pflanzenteile ihrer Umgebung nach. Man muß schon sehr genau hinschauen, wenn man sie entdecken will. Sind erwachsene Aurorafalter müde vom Fliegen, setzen sie sich auf eine Blüte und klappen ihre Flügel hoch. Meist können sie sich dann ungestört ausruhen. Ein grüngelbes Muster auf der Unterseite ihrer Flügel tarnt sie gut zwischen den vielen Blumen.

Männchen und Weibchen des Aurorafalters kannst du leicht unterscheiden: Nur die Männchen besitzen orangefarbene Flecken an den Spitzen der Vorderflügel.

12 Der April ist ein launischer Geselle. Mal lacht uns die Sonne, mal hüllen tiefhängende Wolken die Wiese in trauriges Grau. Trotzdem singen alle Vögel ihr schönstes Lied. Auch der Kiebitz ruft sein helles »Kiewit« laut hinaus. Dabei zeichnet er tollkühne Flugfiguren in den Himmel. Er möchte ein Weibchen für sich gewinnen.

Der Kiebitz ist der Meister aller Kunstflieger. Im Frühling zeigt er sein ganzes Können: Er steigt steil zum Himmel empor, stürzt im nächsten Augenblick blitzschnell ab, kippt im Flug von einer Seite auf die andere und schlägt sogar Purzelbäume in der Luft. Mit etwas Glück kannst du bei Spaziergängen seine wunderschönen Balzflüge bewundern.

Das Kiebitzpaar brütet am liebsten auf feuchten Wiesen oder in Mooren. Weil es diese Lebensräume in unserer Landschaft heute kaum noch gibt, bauen Kiebitze immer häufiger ihre Nester auch auf Äckern und Weiden. Sie polstern einfach eine flache Mulde im Boden mit Grashalmen und Blättern aus und legen ihre vier Eier hinein. Dann wird fleißig gebrütet. Vier Wochen muß das Kiebitzweibchen die Eier wärmen, bis die ersten Küken schlüpfen.

Die Kinder der Kiebitze sind Nestflüchter. Kaum ist ihr Gefieder trocken, verlassen sie das Nest und folgen den Eltern. Auf dem

Junge Kiebitze sind Nestflüchter. Kaum aus dem Ei geschlüpft, folgen sie ihren Eltern durch die Wiese.

Das Gelege des Kiebitzpaares erkennst du an der besonderen Lage der Eier: Kiebitzweibchen legen ihre Eier immer mit dem spitzen Ende nach innen ins Nest.

Weg durch die Wiese sind die Kleinen vielen Gefahren ausgesetzt, doch glücklicherweise haben sie Eltern, die sie beschützen.

    Kiebitze sind sehr wachsame Vögel. Ihren Nachwuchs verteidigen sie ganz energisch. Feinden schlagen sie ihre Flügel ins Gesicht, und wenn das nichts hilft, verfolgen sie die Angreifer mit gezielten Schnabelhieben. Auf diese Weise hat schon manches Kiebitzpaar Fuchs und Marder in die Flucht geschlagen.

Der Kiebitz

Größe:	30 cm, etwa so groß wie eine Haustaube
Nahrung:	Würmer, Schnecken, Insekten und deren Larven
Lebenszeit:	etwa 23 Jahre
Feinde:	Fuchs, Marder, Greifvögel
Besondere Merkmale:	langer, gebogener Federschopf am Kopf
Typisches Verhalten:	zeigt im Frühling eindrucksvolle Flugspiele über seinem Revier

Wußtest du,

daß der Kiebitz mit seinen Füßen tief in der Erde wühlende Regenwürmer »hört«? Er besitzt in der Fußsohle und in den Zehen besondere Sinneszellen, mit denen er selbst die leiseste Erschütterung im Erdboden wahrnimmt.

Fallschirmsegler

14

Ein kleiner flaumiger Fallschirm segelt über die Wiese, tanzt in der Luft auf und ab und sinkt schließlich zu Boden. An ihm hängt ein winziges Samenkorn. Es ist eines von vielen Löwenzahnkindern, die jedes Jahr im Mai mit dem Wind auf große Fahrt gehen. Die Reise führt sie meist weit fort. Das ist auch gut so, denn neben der Mutterpflanze könnten sie nicht wachsen und gedeihen. Sie müßten ständig mit ihr um Nährstoffe, Wasser und Licht wetteifern. Auf Dauer wären sie in dem ungleichen Wettbewerb die Unterlegenen. Da ist es schon besser, sich dem Wind anzuvertrauen und sich von ihm in einen neuen Lebensraum tragen zu lassen.

Eine einzige Löwenzahnpflanze schickt im Sommer etwa dreihundert Samen über das Land. Natürlich finden nicht alle eine grüne Weide, manche gehen auch auf einem Feld zu Boden, und wieder andere müssen sogar mit dem Straßengraben vorliebnehmen. Aber das macht ihnen nichts aus. Hauptsache, die Sonne scheint und die Erde ist angenehm feucht. Mehr brauchen sie vorerst nicht. Das genügt zum Keimen.

Nach einigen Tagen platzt die Samenschale auf, und eine neue Pflanze erwacht zum Leben. Zuerst kommt eine kleine Wurzel zum Vorschein, und etwas später wachsen zarte Blättchen zum Licht. Nun dauert es nicht mehr lange, bis auch die ersten Blütenknospen erscheinen. Wie ein gut gepackter Koffer enthalten sie alle Teile der Blüte. Aber sie müssen noch wachsen.

Sicher hattest du schon oft eine Pusteblume in der Hand und ihre kleinen Samen mit dem Wind auf die Reise geschickt.

Jede Pflanze hat eine Lebensgeschichte. Auf dieser Zeichnung siehst du die Entwicklung des Löwenzahn vom kleinen Samenkorn bis zur großen kräftigen Pflanze.

Die Wurzel des Löwenzahn reicht tief in den Boden, manchmal bis zu zwei Meter. Man nennt sie deshalb Pfahlwurzel.

Eines Tages, wenn die Sonne hell vom Himmel scheint, entfalten sich gelbe Blütenkörbchen. Mit ihrer leuchtenden Farbe und ihrem süßen Duft locken sie schnell Insekten an. Bienen kommen gerne an diese Nektartankstellen und holen sich ihren leckeren Zuckersaft. Dabei verlieren sie eine Menge Pollen, der von anderen Blütenbesuchen an ihrem haarigen Körper hängt. Auf diese Weise wird die Löwenzahnblüte durch die Bienen bestäubt.

Damit beginnt alles wieder von vorne: Der Löwenzahn verblüht, und aus seiner gelben Blüte wird die Pusteblume mit den vielen Samen am Fallschirm. Vielleicht landet ein Fallschirm diesmal auch in deinem Garten.

Der Löwenzahn blüht mehrmals hintereinander. Im Mai stehen gelbe Blütensterne und weiße Pusteblumen oft zusammen auf der Wiese.

Die Blütenkörbchen des Löwenzahn sind nur bei Sonnenschein geöffnet. Abends und bei Regen schließen sich alle wie auf ein heimliches Kommando.

Im Wiesenhaus

Wenn die Sonne warm vom Himmel scheint, ist es wunderschön, auf dem Bauch am Rand einer Wiese zu liegen und in diese geheimnisvolle grüne Welt hineinzuschauen. Nimm dir Zeit. Du wirst staunen, was du entdeckst.

In einer blühenden Wiese herrscht reges Treiben, überall kriecht und krabbelt, hüpft oder fliegt es. Trotzdem kommen sich diese vielen Tiere nicht in die Quere, denn jedes hat seinen eigenen Wohnbereich und findet dort die Nahrung, die es zum Leben braucht. Wie die Menschen in einem großen Haus leben auch die Tiere der Wiese in mehreren Stockwerken übereinander.

Auf dem Dach der Wiese fliegen Bienen, Hummeln oder Schmetterlinge von Blüte zu Blüte und suchen nach Nektar. Ein Stockwerk tiefer spannen Spinnen ihre Netze, knabbern Schmetterlingsraupen an Blättern und verfolgen Marienkäfer Blattläuse.

Im Erdgeschoß des Wiesenhauses zirpen Grillenmännchen vor ihren Erdlöchern, legen Schnecken ihre Silberspur und jagt der Grasfrosch nach Regenwürmern. Vielleicht huscht sogar eine Feldmaus vor deinen Augen zwischen den Grashalmen hindurch.

18 Ein Marienkäfer landet auf deiner Hand. Du spürst das zarte Kribbeln seiner Beine auf der Haut und möchtest ihn am liebsten festhalten. Doch ehe du die schwarzen Punkte auf seinem Rücken zählen konntest, ist der kleine kugelige Käfer wieder davongeschwirrt. Er ist hungrig und auf der Suche nach Blattläusen. Die hat er zum Fressen gern. Am liebsten setzt er sich mitten in eine große Blattlauskolonie und läßt es sich schmecken. Dann fühlt er sich wie im Schlaraffenland.

Im Laufe seines Lebens vertilgt der Marienkäfer mehrere tausend Blattläuse. Ständig krabbelt er von Pflanze zu Pflanze und hält nach neuen Beutetieren Ausschau. Dabei trägt er seinen roten Rücken unbekümmert zur Schau. Von Tarnung hält ein Marienkäfer nichts. Trotzdem wird er nur selten ein Opfer seiner zahlreichen Feinde.

Seine auffällige Farbe ist eine Warnfarbe. »Vorsicht! Ich schmecke nicht gut«, sagt der Marienkäfer damit anderen Tieren. Fast immer zeigt dieses Signal auch die erwartete Wirkung. Die meisten seiner Feinde lassen ihn in Ruhe. Nur junge und unerfahrene Vögel schnappen ab und zu nach ihm. Aber sie spucken den ekligen Bissen sofort wieder aus.

Wußtest du,
daß eine einzige Marienkäferlarve während ihrer Entwicklung etwa 400 Blattläuse vertilgt?

Der Marienkäfer

Größe: 6 bis 8 Millimeter

Nahrung: Blattläuse und Schildläuse

Lebenszeit: 9 bis 10 Monate

Feinde: Vögel, Eidechsen, Spinnen, Ameisen

Besondere Merkmale: sondert bei Gefahr eine giftige, gelbe Flüssigkeit ab

Typisches Verhalten: legt seine Eier in Blattlauskolonien

Bei Gefahr sondert der Marienkäfer aus schmalen Spalten in seinen Beinen eine gelbe Flüssigkeit ab. Diese Flüssigkeit schmeckt unangenehm bitter. Jeder Angreifer, der das erfahren hat, wird ihn in Zukunft meiden. Darauf vertraut der Marienkäfer. Sollte er trotzdem einmal bedroht werden, hat er noch einen raffinierten Trick parat: Er läßt sich einfach fallen und stellt sich für einige Zeit tot. Spätestens jetzt verliert jeder hungrige Feind das Interesse. Im Gewirr der Grashalme nach einem kleinen Käfer zu suchen, wäre viel zu aufwendig.

Zwei Wochen lang vertilgt eine Marienkäferlarve Blattlaus um Blattlaus. Dann verpuppt sie sich.

Marienkäferweibchen legen ihre Eier immer in der Nähe von Blattlauskolonien ab. So finden die Larven sofort genügend Nahrung.

Marienkäfer werden nach der Anzahl der Punkte auf ihrem Rücken benannt. Der häufigste und bekannteste Marienkäfer ist der Siebenpunkt. Ihm begegnest du oft auf blühenden Sommerwiesen.

Blütenbesucher

Blumen machen den Sommer bunt. Was wäre eine Juniwiese ohne die leuchtenden Blüten der Margeriten, des Klappertopf, der Sonnenröschen oder des Wiesensalbei? Die Blumen tragen ihr buntes Kleid aber nicht für uns. Sie haben mit ihrer Farbenpracht nur eines im Sinn: Sie wollen Tausende von Insekten anlocken. Kannst du dir denken, warum?

Tiere können nach einem Partner suchen, um sich zu paaren. Pflanzen sind festgewachsen. Sie brauchen für ihre Befruchtung die Hilfe von Insekten. Aber wie bringt man

Bienen, Hummeln, Schwebfliegen, Käfer oder Schmetterlinge dazu, Pollen von Blüte zu Blüte zu tragen?

Alle Blumen belohnen ihre sechsbeinigen Freunde mit Nektar. Diesen süßen Zuckersaft brauchen Insekten ganz dringend. Das ist ihr Flugbenzin. Dafür nehmen sie gerne Pollenkörner zur nächsten Blüte mit. Manche Blumen, wie der Hahnenfuß, bieten ihre Nektarquellen ganz offen an. Jedes Insekt, ob Käfer oder Fliege, kann kommen und es sich schmecken lassen.

Andere Blumen verstecken ihre Nektarvorräte. Sie lassen nur bestimmte Insekten naschen. Käfer und Fliegen, die hungrig in den Blütenkelch des Wiesensalbei krabbeln, stehen plötzlich vor verschlossener Tür. Eine kleine Platte versperrt ihnen den Zugang. Nur Bienen und Hummeln kennen das »Sesam öffne dich«. Nur sie sind kräftig genug, diese Sperre mit dem Kopf nach oben wegzudrücken. Dabei betätigen sie aber gleichzeitig

Viele Blumen haben ihre eigenen Helfer: Hummeln besuchen die merkwürdig gebauten Blüten des Klappertopf, Heufalter bestäuben Margeriten, und Bienen lassen sich vom Wiesensalbei als Pollentaxi anwerben.

einen Hebel, der die Staubgefäße nach unten biegt. Während sie süßen Zuckersaft schlürfen, bekommen sie von oben den Rücken mit feinem Pollenstaub eingepudert.

Manchmal haben Blumen aber auch Pech, wenn sie ihren Nektar nur für bestimmte Besucher aufheben möchten. Die Blüten des Beinwell sind so gebaut, daß nur Hummeln mit einem langen Rüssel naschen können. Aber auch die sehr kurzrüsseligen Erdhummeln haben einen Weg gefunden, an den Zuckersaft zu gelangen. Sie beißen von außen Löcher in die langen Blütenröhren und lecken den ausfließenden Nektar auf.

Schau dir bei Streifzügen durch die Wiese die Blüten des Beinwell einmal genauer an. Du wirst viele Einbruchspuren finden und vielleicht sogar eine Hummel auf frischer Tat ertappen.

Nur Hummeln mit langen Rüsseln können den süßen Zuckersaft problemlos naschen.

Das Blutströpfchen

Größe:	etwa 35 mm Flügelspannweite
Nahrung:	Falter saugen Nektar, Raupen fressen Blätter von Hornklee und Kronwicke
Lebenszeit:	etwa ein Jahr
Feinde:	Vögel
Besondere Merkmale:	sechs rote Flecken auf den Vorderflügeln, Fühler sind vorne keulenförmig verdickt
Typisches Verhalten:	tagaktiv, sitzt bei schlechtem Wetter bewegungslos auf Blüten

Ein Blutströpfchen gaukelt von Blume zu Blume. Ab und zu taucht es seinen langen Saugrüssel tief in einen Blütenkelch und nascht ein bißchen Nektar. Dann flattert es weiter zur nächsten Blüte.

Es ist Juli. Für das Blutströpfchen wird es höchste Zeit, nach geeigneten Pflanzen für die Eiablage zu suchen. Die Kinder des Blutströpfchens sind Feinschmecker. Am liebsten fressen sie an Hornklee oder Kronwicke. Diese Pflanzen sind für das Falterweibchen nicht immer leicht zu finden. Doch ehe der Sommer zu Ende geht, hat es seine Aufgabe erfüllt. Überall auf den Blättern von Hornklee und Kronwicken kleben winzige, gelbe Eier.

Das Leben des Blutströpfchens beginnt, wie das aller Schmetterlinge, im Ei. Daraus schlüpft nach wenigen Tagen eine kleine, auffallend gelb gefärbte Raupe. Sie muß nichts anderes tun als fressen und wachsen. Bis zum Spätherbst erreicht die junge Raupe bereits eine beachtliche Größe. Nun stellt sie die Nahrungsaufnahme ein und sucht sich ein geschütztes Plätzchen zum Überwintern. Erst wenn die warme Frühlingssonne lockt, kommt sie wieder aus ihrem Versteck.

Nach der langen Winterruhe hat die Raupe des Blutströpfchens großen Hunger. Deshalb macht sie genau da weiter, wo sie im Herbst aufgehört hat: Sie nagt wieder Blätter ab. Am Ende des Frühlings ist sie dann satt und dick und rund. Nun muß sie auch nicht mehr wachsen. Sie spinnt einen Seidenkokon und verpuppt sich. Etwa vier Wochen dauert ihre Puppenruhe. Dann zwängt sich ein bunter Falter ans Tageslicht. Er läßt seine Flügel trocknen und fliegt in die warme Julisonne.

Schmetterlingsraupen haben eine feste Außenhaut, die nicht mitwächst. Deshalb muß sich jede Raupe im Laufe ihrer Entwicklung mehrmals häuten. Im Bild hat eben die Larve des Blutströpfchens ihre enge Haut abgestreift.

Blutströpfchen kleben ihren spindelförmigen Verpuppungskokon an Grashalmen fest.

Dieser Falter ist ein Grünwidderchen und nahe verwandt mit den Blutströpfchen.

Wußtest du,
daß das Blutströpfchen für viele seiner Feinde ungenießbar ist? Sein Blut enthält hohe Konzentrationen der giftigen Blausäure.

Das Blutströpfchen trägt auf jedem Vorderflügel sechs rote Flecken. Sie sehen aus wie kleine Blutstropfen.

Fleißige Bienen

Ein frisches Brötchen mit Honig mag jeder. Aber kaum jemand macht sich am Frühstückstisch Gedanken, wie fleißig eine Biene dafür arbeiten muß. Allein für einen Teelöffel Honig muß der Nektar von siebentausend Blüten gesammelt werden. Für ein Kilogramm dieser süßen Köstlichkeit sind ungefähr sieben Millionen Blütenbesuche notwendig. Diese gewaltige Leistung schafft nicht ein Tier allein, da müssen schon viele zusammenhelfen.

Ein Bienenvolk ist wie eine große Gemeinschaft, jeder hat ganz bestimmte Pflichten. Zur großen Bienenfamilie gehören Arbeiterinnen, Drohnen und eine Königin. Zusammen sind das etwa 50 000 Tiere. Die Bienenkönigin ist das Familienoberhaupt des Bienenvolkes. Ihre einzige Aufgabe besteht darin, für Nachwuchs zu sorgen.

Die Drohnen, die männlichen Bienen, haben ebenfalls nur eine Aufgabe: Sie müssen die Königin auf ihrem Hochzeitsflug begleiten und sie befruchten. Dann werden sie nicht mehr gebraucht und aus dem Stock verjagt.

Der weitaus größte Teil eines Bienenvolkes sind Arbeiterinnen. Sie müssen im Laufe ihres kurzen Lebens viele verschiedene Dinge tun. Zunächst sorgen sie im Bienenstock für Ordnung: Sie säubern die Waben, bringen die Abfälle nach draußen und füttern die Larven. Später arbeiten sie als Baubienen. Sie formen Waben aus Wachs, in deren sechseckigen Zellen Honig und Pollen gelagert

werden. Wenn sie noch älter und erfahrener sind, bewachen sie das Einflugloch zum Stock. Schließlich, fast am Ende ihres Lebens, werden sie Sammelbienen für Nektar.

Aber wie entsteht aus dem süßen Zuckersaft der Pflanzen unser Honig? Nektar enthält viel Wasser. Ehe er als Honig in die Waben gefüllt werden kann, muß er eingedickt werden. Dieses Problem lösen Bienen auf geschickte Weise. Sie lassen das Wasser zu Hause im Bienenstock einfach verdunsten. In der warmen Luft des Bienenstocks geht

Die Bienenkönigin ist ständig von fleißigen Arbeiterinnen umgeben, die sie putzen und füttern. Wer Tag für Tag bis zu zweitausend Eier legt, kann sich um nichts anderes kümmern.

das sehr schnell. Bereits nach wenigen Tagen ist aus dünnflüssigem Nektar haltbarer Honig geworden. Bienenhonig ist das Futter der Bienen für Notzeiten. Weil jeder Imker seine Tiere bei schlechtem Wetter mit Zuckerwasser füttert, kann er den Honig ohne schlechtes Gewissen ernten.

Eine blühende Obstbaumwiese - hier finden Bienen Nektar in Hülle und Fülle.

In diesem Gerät wird der Honig aus den Waben geschleudert.

Bienen sind wahrscheinlich die ältesten Haustiere der Menschen. Früher hielt man sie in runden Körben. Heute bringt man sie in rechteckigen Holzkästen unter. Hier können die Waben platzsparend dicht hintereinander aufgehängt werden. Im Bild entnimmt der Imker eine Wabe aus dem Bienenstock und prüft, ob sie mit Honig gefüllt ist.

Ein Bienenvolk bringt dem Imker etwa sieben Kilogramm Honig. Ehe der Honig geerntet werden kann, müssen mit einem speziellen Messer die Wachsdeckel von den Waben gekratzt werden.

Diese Rebhuhnfamilie
hat die Kornweihe über
sich noch nicht ent-
deckt. Sonst hätte sie
wohl kaum den schüt-
zenden Halmwald
verlassen.

Im Sommer ist das
Hermelin braun gefärbt,
im Winter trägt es ein
weißes Tarnkleid. Nur
die Schwanzspitze bleibt
zu jeder Jahreszeit
schwarz. Das ist sein
Erkennungszeichen.

Zwischen hohen Halmen

Soweit das Auge reicht, wiegen sich Getreide-halme im milden Wind. Mit ihnen wiegt sich eine winzige Maus in ihrem Nest, die Zwerg-maus. Sie mißt vom Kopf bis zum Schwanz ge-rade sieben Zentimeter und wiegt nur knapp fünf Gramm, etwa so viel wie ein Stück Wür-felzucker. Ein solches Leichtgewicht klettert natürlich geschickt von Halm zu Halm und kommt mühelos überall hin.

Fasanenmännchen tragen ein auffälliges Federkleid, Fasanen-weibchen sind eintönig braun gefärbt. Das schützt sie beim Brüten am Boden.

Aber ohne ihren langen Schwanz wäre auch die Zwergmaus nur halb so beweglich. Damit sichert sie jeden ihrer Schritte. Wie ein Rettungsseil schlingt sie ihn um die Pflanzen-stengel und bewahrt sich so vor dem Absturz.

Ihr Zuhause hängt in den Spitzen der Getreidehalme. Hier erreicht sie so leicht keiner ihrer Feinde. Nicht einmal das Herme-lin findet sie da oben. Im Herbst versteckt sie ihr Kugelnest zwischen dichten Grasbüscheln unter einer Hecke.

Sobald das Hermelin am Rand des Ge-treidefeldes auftaucht, sind alle anderen Tiere blitzschnell auf und davon. Seine nadelspitzen Zähne fürchtet jeder. Nicht einmal der Mäuse-bussard legt sich mit ihm an. Das Hermelin ist ein gefährlicher Räuber und ständig hung-rig. Nur wenige Stunden kommt es ganz ohne Nahrung aus. Deshalb jagt es Tag und Nacht. Auf der Suche nach Beutetieren ist es erstaun-lich neugierig und unvorsichtig.

Rebhühner sind auch bei der Nahrungssuche sehr vorsichtig.

Hast du dir schon einmal den Boden einer Wiese genauer angesehen? Dann sind dir sicher unendlich viele Mauselöcher aufgefallen. Feldmäuse leben sehr zahlreich in Wiesen und Weiden, und ihre Schlupflöcher unter der Erde liegen dicht an dicht. Sie führen über ein weites Netz unterirdischer Straßen in das Zuhause dieser kleinen Nager. Feldmäuse wohnen im Untergrund. Nur hier sind sie vor ihren vielen Feinden sicher.

Wußtest du, daß ein einziges Feldmausweibchen pro Jahr bis zu siebzig Junge zur Welt bringen kann?

Die Feldmaus

Größe:	etwa 10 cm, Gewicht 20 bis 50 Gramm
Nahrung:	Gräser, Kräuter, Getreidekörner, Wurzeln
Lebenszeit:	etwa 1 bis 3 Jahre
Feinde:	Fuchs, Katze, Mauswiesel, Mäusebussard, Turmfalke
Besondere Merkmale:	kleine Ohren, kurzer Schwanz
Typisches Verhalten:	gräbt weitverzweigte Gänge dicht unter der Erdoberfläche

nach der Geburt lösen sie sich von ihrer Mutter. Die Säugezeit ist beendet. Von nun an geht es mit Riesenschritten in die Selbständigkeit. Junge Feldmäuse sind mit drei Wochen erwachsen. Sie verlassen ihre Familie und graben sich einen eigenen Bau in der Erde. Ihre Mutter zieht kurze Zeit später schon die nächste Kinderschar groß.

Eine Feldmaus lugt vorsichtig aus einem ihrer Schlupflöcher.

Verborgen in der Erde liegt auch ihre Kinderstube. In einem behaglichen Nest dicht unter dem Gras wachsen im Laufe eines Jahres viele Feldmauskinder heran. Alle werden winzig klein, haarlos und blind geboren. Aber sie entwickeln sich rasch. Bereits nach drei Tagen bekommen sie auf der Haut einen weichen Haarflaum, und weitere zwei Tage später wärmt schon ein kurzes Fell ihren kleinen Körper. Mit zehn Tagen öffnen junge Feldmäuse zum erstenmal die Augen, und zwei Wochen

Die Feldmaus verläßt oft ihr unterirdisches Zuhause. Flink wie alle Mäuse huscht sie durch die Wiese und knabbert mal hier, mal da. Maiskolben mag sie besonders gerne.

Der Mäusebussard

Größe:	Länge 56 cm, Gewicht 1 kg, Flügelspannweite 140 cm
Nahrung:	Mäuse, aber auch Frösche, Kröten, Blindschleichen und Regenwürmer
Lebenszeit:	26 Jahre
Feinde:	keine
Besondere Merkmale:	häufiges rauhes Miauen, klingt wie »Hiäh«
Typisches Verhalten:	jagt von einem Beobachtungs-posten aus

Ein Mäusebussard segelt hoch oben am Himmel. Mit weit ausgebreiteten Flügeln und breit gefächertem Schwanz zieht er seine Kreise. Plötzlich legt er die Schwingen an und läßt sich fallen. Wie ein Stein saust der mächtige Vogel zur Erde. Erst knapp über dem Boden bremst er den Schwung ab, streckt seine Füße nach vorne und landet sicher auf einem Weidezaun. Das ist sein Stammplatz. Von hier aus beobachtet er tagtäglich das Gelände. Seinen scharfen Augen entgeht keine Bewegung in Feld und Wiese. Jede Maus, die sich aus ihrem Schlupfloch wagt, greift er sich.

Der Mäusebussard bewacht gerne von erhöhter Stelle aus sein Revier. Geduldig sitzt er stundenlang auf seinem Wachposten und lauert kleinen Tieren auf. Am häufigsten erbeutet er Feldmäuse. Sie machen in guten Mäusejahren den Hauptteil seiner Nahrung aus. Wenn er nicht genug Mäuse findet, holt er sich Frösche und Kröten, ab und zu auch eine Zauneidechse oder eine Blindschleiche. Manchmal sieht man ihn sogar über Wiesen spazieren und Regenwürmer fressen.

Mit messerscharfen Klauen ergreift der Mäusebussard seine Beute. Für eine Maus gibt es aus diesen langen Krallen kein Entrinnen.

Wußtest du,

daß der Mäusebussard seinen Horst mit grünen Zweigen und manchmal sogar mit gelben Löwenzahnblüten schmückt?

Ein Mäusebussard beobachtet von einem Weidezaun aus das Gelände. In seinem großen Revier duldet er keinen anderen Greifvogel neben sich, hier darf nur er allein jagen.

Bunte Wiese – Grüne Wiese

Es gibt nichts Schöneres als eine bunte Blumenwiese. Da leuchten gelbe Sonnenröschen und blauer Wiesensalbei mit roten Flockenblumen und weißen Margeriten um die Wette. Da wachsen Klappertopf, Wiesenstorchschnabel, Thymian, Glockenblumen und viele andere Pflanzen. In einer solchen Wiese fühlen sich Tiere wie im Schlaraffenland, weil sie alle satt werden. Bienen, Hummeln und Schmetterlinge finden Nektar in Hülle und Fülle. Für Marienkäfer gibt es Tausende von Blattläusen an den Pflanzenstengeln. Junge Häschen können jeden Tag an frischem Grün knabbern. Und selbst Vögel wie die Lerche haben keine Probleme, für ihre Kinder zu sorgen.

Aber es gibt auch die andere Wiese. Sie schmückt sich im Frühling mit einem gelben Teppich aus Millionen Löwenzahnblüten, legt anschließend das silbergraue Kleid der Pusteblumen an und besteht dann für den Rest des Jahres nur noch aus einheitlich grünen Grashalmen. Das ist eine Nutzwiese, hier weiden vom Frühling bis zum Herbst Pferde und Kühe. Bienen, Hummeln und Schmetterlinge trifft man dagegen nur selten an. Wovon sollten sie leben?

Kannst du dir denken, warum auf einer Tierweide nur Gras und Löwenzahn gedeihen? Es kommt auf den Untergrund an. Der Boden einer Weide enthält sehr viele Nährstoffe. Er wird täglich mit dem Kot von Pferden und Kühen gedüngt. Löwenzahnpflanzen und Gras vertragen das gut, die meisten Wildblumen hingegen nicht. Sie mögen nur nährstoffarme Böden. Erhalten sie Dünger im Überfluß, gehen sie ein. Aber selbst das Gras würde unter den dicken Kuhfladen ersticken, gäbe es nicht kleine Fliegen und Käfer, die die Fladen schnell zersetzen und abbauen.

Diese auffällig gelbgefärbte, pelzig behaarte Fliege ist eine Dungfliege. Dungfliegen leben massenhaft auf Weiden. Sie übersäen jeden frischen Kuhfladen mit ihren kleinen weißen Eiern.

So ein bunter Blütenteppich entfaltet sich nur auf ungedüngten Böden.

Wo Pferde die Pflanzen
abweiden, trifft man
kaum Wildtiere an.
Im niedrigen Gras, das
die Pferde stehenlassen,
können sie sich nicht
vor ihren Feinden ver-
stecken.

Auf Weiden mit nähr-
stoffreichen Böden
wächst nur Löwenzahn
im Überfluß, vielleicht
noch ein paar Stengel
Hahnenfuß, sonst nichts.

Tierkinder in der Wiese

Bei einem deiner Streifzüge entlang einer Wiese stehst du vielleicht plötzlich vor einem Rehkitz. Ganz allein liegt es im hohen Gras und schaut dich aus großen Augen an. Ab und zu ruft es ängstlich nach seiner Mutter, aber weit und breit rührt sich nichts. Am liebsten möchtest du das scheinbar verlassene Tier mit nach Hause nehmen und es großziehen. Aber das wäre ganz falsch. Es würde niemals mehr ein freies Naturleben führen können. Für das Kleine ist es das Beste, wenn du schnell weitergehst, denn das Rehkitz ist nicht hilflos und allein. Seine Mutter, die Ricke, kommt immer wieder zu ihm zurück, leckt es ab und säugt es. Nur wenn du das Kitz anfaßt, ist es wirklich verloren. Dein Geruch würde die Ricke für immer verjagen.

Rehkinder verbringen ihre ersten Lebenstage auf einer Wiese. Die vielen weißen Tupfen auf ihrem Rücken tarnen sie gut zwischen den bunten Blumen. Nähert sich ein Feind, ducken sie sich flach auf den Boden und verhalten sich still. Meist werden sie dann übersehen. Junge Rehe können zwar von Anfang an laufen, aber sie sind noch zu schwach, um schnell fliehen zu können. Ihre einzige Rettung ist es, regungslos liegen zu bleiben. Das machen sie instinktiv von Anfang an, dieses Verhalten ist ihnen angeboren.

Zwei Hasenkinder warten auf ihre Mutter. Junge Feldhasen kommen wie Rehkitze mit offenen Augen zur Welt und können vom ersten Tag an laufen.

Aber auch sie verlassen zunächst ihre gewohnte Umgebung nicht. Bei Gefahr drücken sie sich in eine Erdmulde und vertrauen ganz auf ihre Tarnung.

Die Feldlerche

Größe:	18 cm, Gewicht 40 Gramm
Nahrung:	Insekten, Sämereien, Kräuter
Lebenszeit:	etwa 12 Jahre
Feinde:	Fuchs, Marder, Wiesel, Turmfalke, Merlin, Sperber
Besondere Merkmale:	stark verlängerte Hinterkralle, der »Lerchensporn«
Typisches Verhalten:	ausgeprägter Singflug der Männchen

»Tirili«, klingt es weit übers Land, »tirili, tirili«. Eine Lerche begrüßt die aufgehende Sonne mit ihrem Gesang. Dabei steigt sie steil in den Himmel. Kaum ist ihr Lied verklungen, startet der nächste Sänger in die Luft. Auch er schraubt sich in engen Spiralen aufwärts und trillert in den schönsten Tönen.

Lerchen schmettern ihre Lieder vom frühen Morgen bis zum späten Abend in den Himmel. Ihr melodischer Gesang gehört für uns zum Sommer wie die Sonne und der milde Wind. Aber warum sind sie so eifrige Sänger?

Feldlerchen brüten dreimal im Jahr. Von März bis weit in den Juni müssen sie ein Revier besetzt halten. Lerchenmännchen machen das mit ihrer Stimme. Durch lautes, ausdauerndes Singen geben sie ihren Artgenossen zu verstehen: »Hier bin ich zu Hause. Wagt es nur nicht, in mein Reich einzudringen«.

Fast alle Vögel tragen ihre Reviergesänge von erhöhter Stelle aus vor. So werden sie besser gehört. Der Lebensraum der Lerche befindet sich am Boden. Dort gibt es aber nur Blumen und Grashalme. Das sind keine geeigneten Sitzplätze, um ein Revier zu kennzeichnen. Aus dieser Not heraus erfanden Lerchen den Singflug: Sie steigen auf und verkünden ihren Nachbarn aus der Luft, wo sie nicht gestört werden wollen.

Manchmal schwingen sich Lerchen sogar im Winter steil in den Himmel und singen, so laut sie können. Dann wollen sie aber keine Reviergrenzen bekannt geben. Dann sind sie in Lebensgefahr und müssen einen Feind abschütteln. »Ich bin gesund und kräftig«, heißt jetzt ihr Lied. »Es hat keinen Sinn, mich zu verfolgen. Du erwischst mich sowieso nicht.« Fast immer gelingt es ihnen auf diese Weise auch, ihren Angreifer zu entmutigen. Englische Biologen fanden heraus, daß singende Lerchen viel weniger häufig von Turmfalken erbeutet werden als stumme Artgenossen.

Lerchenkinder werden schnell groß. Nur etwa zehn Tage bleiben sie im Nest und lassen sich von ihren Eltern füttern.

daß die Lerche zu den wenigen Vögeln gehört, die während des Fliegens singen können?

Feldlerchen landen nach ihrem Singflug nie direkt am Nistplatz. Das letzte Stückchen Weg trippeln sie vorsichtig zu Fuß dorthin. Keiner ihrer zahlreichen Feinde soll wissen, wo ihre Kinder sitzen.

Diese drei Lerchenküken sind eben erst aus dem Ei geschlüpft. Ohne ihre weit aufgesperrten Schnäbel würde man sie gar nicht erkennen. Das erste Federkleid der Lerchenkinder erinnert ein bißchen an welke Grasbüschel.

Der Grashüpfer gehört
zur Gruppe der
Feldheuschrecken. Im
Gegensatz zum Großen
Heupferd hat er kurze
gerade Fühler. Auch
seine Musik macht er
anders.

Feldgrillen leben in Erd-
röhren. Sie entfernen sich
nie sehr weit von ihren
Schlupflöchern.

Das Große Grüne Heupferd mit seinen langen biegsamen Fühlern ist eine unserer auffälligsten Laubheuschrecken. Seinen Namen hat es nicht umsonst, sein Gesicht erinnert wirklich an einen Pferdekopf.

Die Weibchen der Laubheuschrecken tragen am Hinterende ihres Körpers einen auffällig langen Legestachel. Damit drücken sie ihre Eier in lockere Erde.

Wiesenmusikanten

Es ist Ende Juni. Die Lieder der Singvögel werden allmählich leiser. Jetzt stimmen andere Musikanten ihre Instrumente. Überall schnarrt und zirpt es. Vom Vormittag bis spät in die Nacht hört man es rasseln und surren, ticken und knarren. Man sieht diese Künstler aber nur selten. Sobald man sich ihnen nähert, verstummen sie. Manche machen sich sogar mit einem riesigen Satz aus dem Staub. Sicher weißt du längst, von welchen Tieren hier die Rede ist. Diese scheuen Musikanten sind Heuschrecken und Grillen. Mit ihren Serenaden übertönen sie selbst das Summen und Brummen der Blütenbesucher.

Die Hauptrolle im großen Wiesenorchester spielen die glänzend schwarzen, dickköpfigen Feldgrillen. Aber nur die Grillenmännchen laden zum Konzert, Grillenweibchen geben keinen Ton von sich.

Ihre »Geige« haben männliche Grillen immer bei sich. Sie besitzen am rechten Vorderflügel eine Reihe winzigkleiner Zähnchen. Streichen sie damit rasch gegen eine harte Kante am linken Vorderflügel, entsteht ein kräftiger Zirpton. Mit diesem hellen »zri zri zri« locken sie ihre Weibchen zu sich. Wie magnetisch angezogen hüpfen diese auch aus großen Entfernungen auf die Musiker zu.

Grillen hören sehr gut. Sie tragen ihre Ohren aber nicht am Kopf, sondern erstaunlicherweise in den Vorderbeinen. Töne und Geräusche nehmen sie durch zwei schmale Schlitze hinter dem Knie wahr.

Das Große Grüne Heupferd, eine Laubheuschrecke, spielt sein Streichkonzert ebenfalls mit den Flügeln. Im Unterschied zu den Grillen ist es aber ein »Linksgeiger«, es streicht beim Musizieren mit dem linken Flügel über den rechten. Auch seine Töne sollen nur eines bewirken, ein Weibchen anlocken.

Das Große Heupferd musiziert Tag und Nacht. Vielleicht verrät es dir auf diese Weise manchmal doch seinen Sitzplatz.

Nacht voller Lichter

Die Sonne geht unter. Über der Wiese wird es langsam dunkel. Die Tiere des Tages gehen schlafen: Hummeln krabbeln in ihr Nest unter der Erde, Bienen summen eilig zurück in ihren Stock, der Kiebitz beendet seine Flugspiele, und das Lied der Lerche verstummt. Nur einige Grillen hört man noch musizieren, sonst ist alles still.

Dann schwirren plötzlich Lichter lautlos durch die Nacht. Dicht über den Blumen tanzen grüngoldene Funken auf und ab, erhellen die Dunkelheit und verlöschen wieder. Sogar aus dem Gras sieht man es blinken. Kannst du dir vorstellen, wer diese Leuchtfeuer über die nächtliche Wiese sendet? Das sind Glühwürmchen auf ihrem Hochzeitsflug.

Glühwürmchen sind kleine graubraune Käfer, kaum einen Zentimeter groß. Diese Winzlinge unter den Insekten tragen ständig am Bauch eine Laterne mit sich herum,

Der Steinkauz sieht mit seinen großen Augen auch nachts sehr gut. Vorsicht, ihr Mäuse, er kann blitzschnell starten.

Männchen wie Weibchen. Das erleichtert ihnen die Suche nach dem Partner. Wie sollten sie auch sonst im Blütenmeer großer Wiesen zueinanderfinden? Denn nur die Männchen besitzen Flügel. Nur sie fliegen in warmen Sommernächten übers Land und leuchten. Die Käferweibchen können nicht fliegen, sie sitzen im Gras und senden von da ihre Blinkzeichen in die Nacht. Damit sie besser gesehen werden, halten sie das Hinterende ihres Körpers wie ein Landefeuer nach oben. Sobald ein Männchen dieses Signal entdeckt hat, fliegt es zur Paarung herab.

Natürlich lockt so ein auffälliges Licht auch Feinde an. Raubinsekten der Wiese machen sehr zahlreich Jagd auf die Leuchtkäfer. Um sie zu täuschen, schalten Glühwürmchen ihre Lampen ab und zu auch aus.

Ein winziger Käfer, der Licht erzeugt - das ist eines der großen Wunder in der Natur. Das Besondere an diesem biologischen Licht ist seine unglaublich sparsame Ausnutzung der Energie. Unsere Glühbirnen strahlen viel Wärme ab. Bei den Lampen der Leuchtkäfer ist das nicht der Fall. Wenn du ein Glühwürmchen über deine Hand krabbeln läßt, wirst du es selbst spüren: Sein Licht ist ein kaltes Licht.

Die Ohren des Hamsters
wirken wie Schalltrichter.
Damit hört er auch
das leiseste Geräusch.

Ein Hamster steht hoch aufgerichtet am Rand eines Feldes. Aufmerksam lauscht er in alle Richtungen. Erst wenn er sicher ist, daß wirklich kein Fuchs und kein Hermelin in der Nähe ist, geht er auf Nahrungssuche. In Windeseile sammelt er Getreideähren, Mohrrüben, Kartoffeln und anderes, was er gerne mag. Sogar Wegschnecken und Schmetterlingsraupen nimmt er mit. Das alles stopft er in seine Backentaschen, bis diese randvoll sind. Dann flitzt er zurück in seinen Bau. Ein Hamster frißt nichts sofort, selbst wenn er noch so hungrig ist. Er trägt alles in seine unterirdischen Lagerhallen. Dort kann er in Ruhe speisen.

Der Hamster hortet unter der Erde riesige Mengen an Futter, viel mehr, als er je in seinem Leben brauchen kann. Sein Sammel-

Der Hamster

Größe:	etwa so groß wie ein Meerschweinchen
Nahrung:	Getreide, Gemüse, Kräuter; aber auch Würmer, Schnecken, Insekten und Jungvögel
Lebenszeit:	etwa 10 Jahre
Feinde:	Fuchs, Iltis, Hermelin, Uhu
Besondere Merkmale:	geräumige Backentaschen, in denen er seine Nahrung nach Hause trägt
Typisches Verhalten:	legt große unterirdische Vorratslager an

Vor dem Hermelin sollte sich ein Feldhamster in acht nehmen.

trieb ist nicht umsonst sprichwörtlich bekannt. Wer aber soviel Wohlschmeckendes anhäuft, muß auch mit Dieben rechnen. Viele Tiere machen sich die Nahrungssuche einfach und stehlen die Vorräte des Hamsters: Feldmäuse graben sich zu seinen Kornkammern vor und plündern sie, ebenso Fasane und Rebhühner. Manchmal sind diese Einbrecher so dreist, daß sie alles mitnehmen und ihm nicht ein Körnchen übriglassen. Im Sommer ist das nicht weiter schlimm. Dann geht er eben wieder hamstern. Passiert ihm das jedoch im Winter, muß der Hamster trotz seiner Sammelleidenschaft verhungern.

Im September bereitet der Hamster seinen Bau für den Winter vor. Er verlegt seine Schlafkammer tiefer in die Erde und polstert sie warm und weich mit Gras aus. Dann rollt er sich ein und schläft.

Sein Winterschlaf dauert aber nicht bis zum nächsten Frühling. Der Hamster wird auch in der kalten Jahreszeit zwischendurch immer wieder wach. Alle zwei bis drei Tage weckt ihn der Hunger aus seinem Schlaf. Dann muß er aufstehen, in seine Vorratskammer laufen und etwas fressen. Erst wenn sein Magen nicht mehr knurrt, kann er ungestört weiterschlafen.

Wußtest du,

daß der Hamster in den Vorratskammern seines Baues bis zu 50 kg Getreidekörner, Möhren, Kartoffeln, Kohl und anderes hortet? Selbst Blütenköpfchen von Dahlien fand man schon bei ihm.

Steht der Hamster unerwartet einem Feind gegenüber, richtet er sich drohend auf und greift mutig an. Wenn es ernst wird, setzt er ohne Scheu seine scharfen Nagezähne ein. Sie sind eine gefährliche Waffe. Ein Uhu, der den Hamster aus der Luft angreift, muß schon sehr genau zupacken. Sonst wird er vielleicht selbst verletzt.

44 Im Untergrund

Mühsam gräbt sich ein Maikäferweibchen in den Boden. Fast fünfzehn Zentimeter geht es in die Tiefe. Es vertraut da unten seine Eier der feuchten Erde an. Dann stirbt es.

Ungefähr sechs Wochen später verlassen kleine weiße Larven ihre Eihülle. Engerlinge werden sie genannt. Ganze vier Jahre wird ihre Entwicklung zum Maikäfer dauern. So lange müssen sie in völliger Dunkelheit leben und sich von Pflanzenwurzeln ernähren. Erst am Ende dieser langen Zeit verpuppen sie sich. Danach dürfen sie ihr finsteres Reich verlassen.

An einem warmen Maiabend zwängen sie sich als fertig entwickelte Käfer aus ihrer Puppenhülle, graben sich nach oben und sehen zum ersten Mal das Licht der untergehenden Sonne. Sie genießen kurz die milde Frühlingsluft, dann heben sie ihre harten Deckflügel an und fliegen los. Nach einigen Runden über ihrer Kinderstube verlassen sie

Ein Maikäfer verläßt seine Kinderstube im Wiesenkeller.

die Wiese und steuern ihren eigentlichen Lebensraum an: den Wald.

Im Keller des großen Wiesenhauses wohnen unendlich viele Tiere. Manche verbringen nur ihre Kinderzeit hier unten, andere ihr ganzes Leben. Die Wiesenameisen verlassen ihre weitverzweigten Nester unter der Erde nur selten. Warum sollten sie auch? Ihre Leibspeise ist Honigtau, und den finden sie hier unten zur Genüge. Blattläuse, die an den Pflanzenwurzeln sitzen, scheiden ihn aus. Ameisen hegen und pflegen Blattläuse wie

ihre eigenen Kinder. Niemand sollte es wagen, sie anzugreifen. Er würde sofort die scharfen Kiefer der Ameisen zu spüren bekommen.

Im unterirdischen Reich des Wiesenbodens: Wiesenameisen krabbeln durch weitverzweigte Straßen, die Erdhummel betreut ihre Nachkommen in einem verlassenen Mäuseloch, Regenwürmer verschlingen Erde, eine Rucksackschnecke sucht nach Beutetieren, Engerlinge fressen Löwenzahnwurzeln, und ein Stück tiefer wartet ein zukünftiger Maikäfer auf das Ende seiner Puppenruhe.

Mitten zwischen blühenden Gräsern bricht plötzlich der Boden auf. Dunkle, krümelige Erde quillt nach oben. Schnell türmt sich ein kleiner Hügel auf. Hier baut ein Maulwurf an seiner Burg im Untergrund.

Der Maulwurf ist ein fleißiger Erdarbeiter. Überall dort, wo der Boden nicht allzu steinig ist, gräbt er lange Tunnel. Oft ziehen sich seine unterirdischen Straßen über viele hundert Meter unter Wiesen und Feldern hin. Im Mittelpunkt dieses dunklen Labyrinths liegt seine Nesthöhle. Sie ist warm und weich mit Grashalmen ausgepolstert. Hier wohnt der Maulwurf.

Der Maulwurf

Größe:	12 bis 15 cm, Gewicht 50 bis 100 Gramm
Nahrung:	Regenwürmer, Tausendfüßler, Schnecken, Insektenlarven
Lebenszeit:	3 bis 4 Jahre
Feinde:	Wildschwein, Dachs, Waldkauz, Schleiereule
Besondere Merkmale:	kräftige Vorderfüße mit langen Krallen (Grabschaufeln)
Typisches Verhalten:	wirft kleine Erdhaufen auf (Maulwurfshügel)

Möchtest du in ewiger Dunkelheit leben? Bestimmt nicht. Der Maulwurf findet das schön. Er ist dafür auch wie geschaffen. Ein dichtes samtiges Fell hält ihn wunderbar warm. Tausende feinster Tasthärchen im Gesicht, an seinen Grabhänden und am Schwanz melden ihm jede Bewegung in seiner finsteren Welt. Auch seine Nase funktioniert ausgezeichnet. Nur auf seine Augen kann sich der Maulwurf nicht verlassen. Er sieht kaum etwas. Aber das ist gar nicht notwendig, er spürt auch so genügend Regenwürmer auf.

Ein erwachsener Maulwurf braucht täglich mindestens zwanzig Regenwürmer, um satt zu werden. Wenn die Erde feucht ist, findet er diese Menge leicht in seinen Erdgängen. Aber wehe, es regnet wochenlang nicht und der Boden trocknet aus. Dann müßte er verhungern, hätte er nicht vorgesorgt. Für solche Notzeiten hat der Maulwurf eine gut gefüllte Speisekammer. Manchmal schlängeln sich weit über tausend Regenwürmer darin.

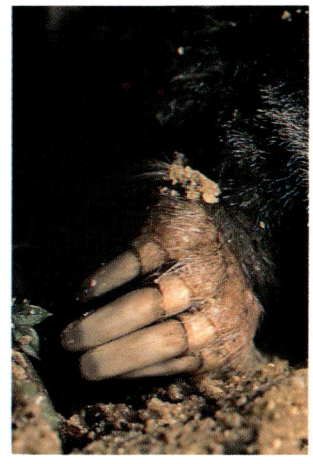 

Der Maulwurf wagt sich nur selten ans Licht der Sonne. Kaum jemand bekommt ihn zu Gesicht. Nur die vielen braunen Hügel auf der Wiese verraten, daß er da ist.

Diese beiden Bilder zeigen dir die Vorderpfote des Maulwurfes: links die Oberseite, rechts die Unterseite. Du siehst ganz deutlich die langen scharfen Krallen an den Zehen. Damit kann er ohne Mühe seine ausgedehnten Tunnel graben.

Wußtest du, daß der Maulwurf mit einem Tempo von vier Stundenkilometer durch seine unterirdischen Straßenschluchten flitzt?

Wühler in der Finsternis

Ohne Regenwürmer gäbe es keine fruchtbare Erde. Auf unseren Wiesen wüchsen ohne sie nur halb so viele Blumen, und auf unseren Feldern könnten wir nur halb so viel Getreide und Kartoffeln ernten. Regenwürmer düngen, lockern, durchlüften und durchmischen den Boden.

Du kannst diese kleinen Tiere bei ihrer Wühlarbeit beobachten, wenn du ihnen einen Wurmkasten wie in der Abbildung baust. Das ist nicht allzu schwer. In diesen Kasten füllst du verschiedene Bodenschichten ein. Am besten nimmst du fein gesiebte Gartenerde, Sand, Kies, Torf und Lehm. Jede Schicht sollte gut durchfeuchtet sein, ehe du die Würmer einsetzt. Regenwürmer können in trockener Umgebung nicht leben. Die oberste Schicht bedeckst du mit einigen welken Blättern und etwas kleingeschnittenem Gras. Zum Schluß stellst du den Kasten in einen dunklen Raum oder deckst ihn mit einem Tuch ab und läßt die Tiere einige Tage in Ruhe.

Nach ungefähr einer Woche kannst du zum erstenmal die Verdunkelung lüften. Du wirst staunen, was sich alles getan hat. Die Würmer haben ganze Arbeit geleistet: Zahlreiche Röhren ziehen sich durch die verschiedenen Schichten, und einzelne Bodenarten vermischen sich bereits. Auch fehlen

Dein Regenwurmkasten sollte vier bis sechs waagrechte Erdschichten enthalten, die sich in Farbe und Zusammensetzung gut voneinander unterscheiden. Nur so kannst du die Wühlarbeit der Regenwürmer beobachten.

Nach ein paar Tagen haben die Regenwürmer lange Röhren gegraben, die verschiedenen Erdschichten vermischen sich langsam.

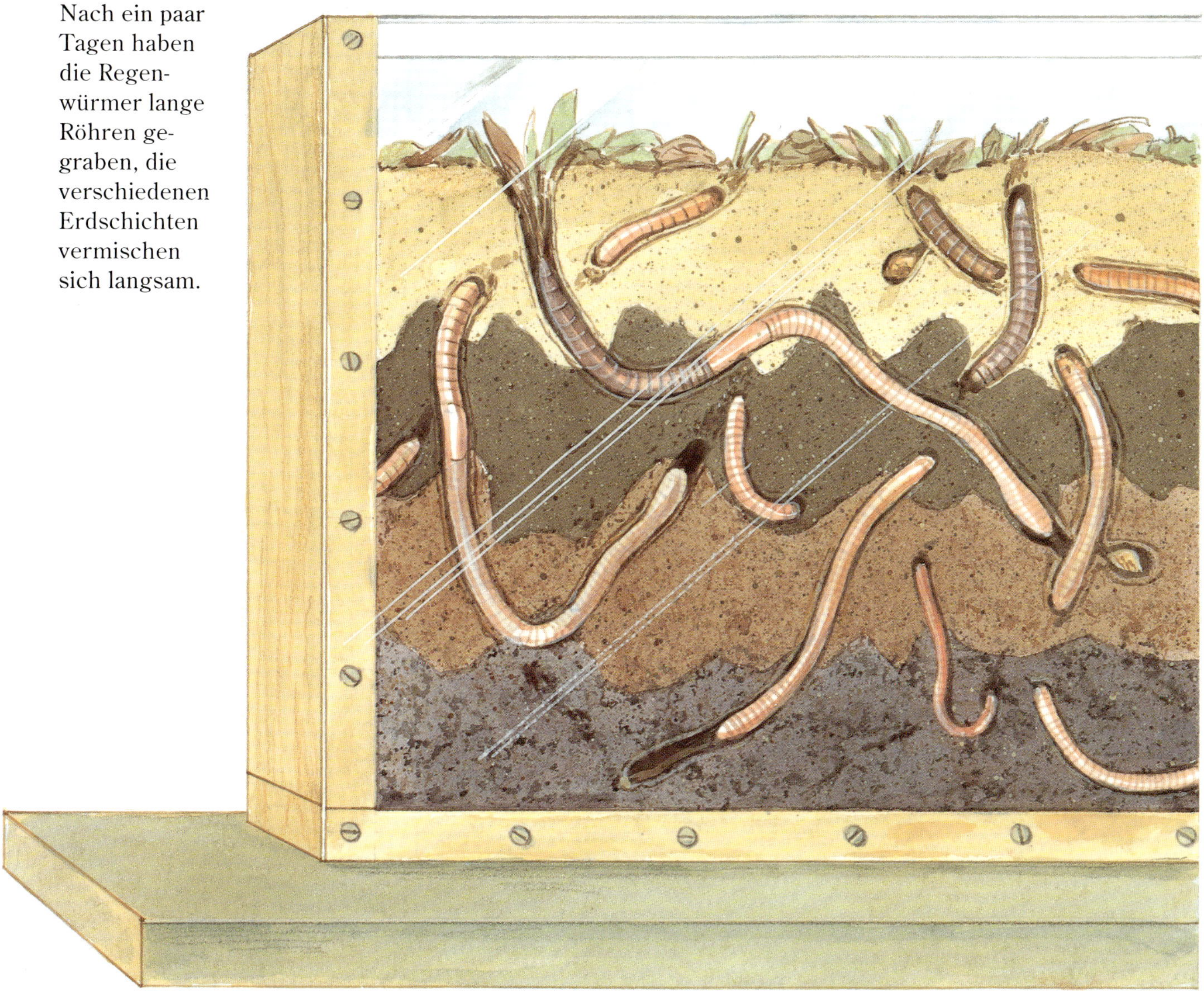

inzwischen Blätter und Grashalme aus der obersten Schicht. Die Regenwürmer haben sie in ihre Röhren gezogen und gefressen. An der Oberschicht des Kastens liegen statt dessen viele kleine Häufchen. Das ist der Kot, den die Würmer ausgeschieden haben - ein wertvoller Dünger, tausendmal besser als Kunstdünger.

Erwachsene Regenwürmer erkennst du an einem orangefarbenen Ring in der vorderen Körperhälfte.

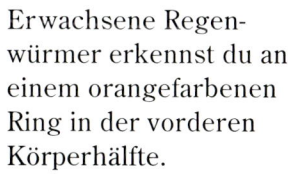

Die Nachmittagshitze flaut langsam ab. Ein heißer Sommertag geht zu Ende. Jetzt kommen die Blindschleichen aus ihren Schlupfwinkeln. Diese Tiere mögen es nicht, wenn die Sonne vom Himmel brennt. Tagsüber verkriechen sie sich unter Steinhaufen oder in den Erdgängen der Mäuse. Dort ist es angenehm kühl. Erst in der Abenddämmerung gehen sie auf Nahrungssuche. Dann gleiten sie langsam über den Boden und schnappen sich Nacktschnecken und Regenwürmer, manchmal auch eine Spinne. Andere Tiere stehen nicht auf ihrer Speisekarte. Die Blindschleichen würden sie nicht erwischen. Ohne Beine ist eine Verfolgungsjagd nicht möglich.

Die Blindschleiche

Größe:	Körperlänge bis zu 50 cm
Nahrung:	Regenwürmer, Nacktschnecken
Lebenszeit:	etwa 50 Jahre
Feinde:	Igel, Dachs, Iltis, Wildschwein
Besondere Merkmale:	bewegliche Augenlider
Typisches Verhalten:	wirft bei Gefahr ihre Schwanzspitze ab

Auf den ersten Blick ähnelt die Blindschleiche einer Schlange. Das wird ihr oft zum Verhängnis. Viele Menschen halten sie für gefährlich und erschlagen sie. In Wirklichkeit ist sie eine harmlose Eidechse, die niemandem etwas tut. Wenn du ihr begegnest, kannst du sie ohne Sorge in die Hand nehmen und über ihr goldglänzendes Schuppenkleid streichen. Sie würde dich niemals beißen. Natürlich mußt du ganz genau wissen, daß du wirklich eine Blindschleiche vor dir hast.

Weißt du, wie man Blindschleichen und Schlangen sicher unterscheidet? Du mußt auf ihre Augen achten: Blindschleichen haben bewegliche Augenlider. Sie können ihre Augen schließen, genau wie wir. Schlangen können das nicht, sie besitzen keine Lider. Ihre Augen sind immer offen.

Wußtest du,

daß die Blindschleiche keine Schlange ist, sondern eine Eidechse, deren Beine sich zurückgebildet haben?

Blindschleichen tragen ein goldglänzendes Schuppenkleid. Ihm verdanken sie auch ihren Namen. Vor vielen hundert Jahren nannte man sie »Blendende Schleichen«.

Erst durch einen Fehler beim Übergang in unsere heutige moderne Sprache entstand daraus die Bezeichnung »Blindschleiche«. Aber blind sind diese Tiere keineswegs, sie sehen sehr gut.

Blindschleichen bringen lebende Junge zur Welt. Bei ihrer Geburt sind sie etwa so lang wie dein Zeigefinger und fadendünn.

Nicht immer schimmern Blindschleichen so bronzefarben wie auf diesem Bild. Ihre Haut kann hellbraun oder schwarz gefärbt sein.

Räuber der Wiese

Der Spätsommer ist für Wieseninsekten eine gefährliche Zeit. Überall lauern hungrige Räuber. Soldatenkäfer nennt man sie. Diese Wegelagerer sind zwar nur klein, kaum zwei Zentimeter groß. Aber sie überfallen jeden harmlosen Blütenbesucher und verspeisen ihn. Wer zwischen ihren scharfen Kiefern gefangen ist, kann jeden Fluchtversuch vergessen.

Soldatenkäfer sind Weichkäfer mit einem schmalen, langgestreckten, goldbraunen Kör-

per. Ihr Erkennungszeichen ist ein großer schwarzer Fleck an der Spitze ihrer Flügel. Soldatenkäfer ernähren sich hauptsächlich von Insekten und deren Larven. Nur ab und zu fressen sie auch Pollen. Jetzt, im Spätsommer, paaren sie sich. Danach legen die Weibchen ihre Eier im Boden ab. Nur wenige Tage nach der Eiablage schlüpfen kleine, dichtbehaarte Larven. Auch sie führen ein Räuberleben. Sie überfallen kleine Schnecken und Raupen und saugen sie aus. Im Herbst verkriechen sich die Larven unter Steinen und überdauern so die kalte Zeit.

Manchmal kommen die Larven der Soldatenkäfer schon an warmen Februartagen wieder aus ihrem Versteck und

Auf den Blüten des Wiesenkerbels kann man im Spätsommer oft Weichkäfer zusammen mit vielen anderen Insekten beobachten. Auch die Krabbenspinne wartet gut getarnt auf Beute. Sie schnappt sich alles, was ihr vor die Giftklauen kommt. Nicht einmal vor den angriffslustigen Tanzfliegen schreckt sie zurück.

kriechen auf dem Schnee herum. Deswegen nennt man sie auch »Schneewürmer«. Im Frühling krabbeln sie dann erneut unter die Erde. Jetzt verpuppen sie sich. Für einige Wochen haben all die kleinen Schnecken und Raupen Ruhe vor ihnen. Erst im Juni wird es wieder gefährlich für sie. Dann macht eine neue Generation von Soldatenkäfern die Wiese unsicher.

Dicht neben den Soldatenkäfern liegt ein anderer Räuber auf der Lauer: die Krabbenspinne. Diese Spinne überrascht ihre Beutetiere aus dem Hinterhalt. Sie trägt immer die gleiche Körperfarbe wie die Blume, auf der sie gerade sitzt. Insekten, die zum Nektarnaschen kommen, bemerken die Spinne nicht. Und die schnappt blitzschnell zu. Sie setzt ihre Giftklauen ein, und in Sekundenschnelle ist ein Käfer oder auch eine kräftige Wespe gelähmt.

Krabbenspinnen können die Färbung ihres Körpers an die jeweilige Blütenfarbe anpassen. Diese Umfärbung dauert allerdings ein paar Tage. Deshalb verändern Krabbenspinnen ihren Lauerplatz nur sehr selten.

»Nun ziehen sie wieder fort.« Der Storchenbauer blickt ein wenig traurig hinüber zum Dach einer großen alten Scheune. Dort oben turnen zwei Storchenkinder auf ihrem Horst herum. Sie stehen am Nestrand, machen Luftsprünge und schlagen mit den Flügeln. Dann wagen sie es: Sie stoßen sich ab, lassen sich vom Wind nach oben tragen und – fliegen.

Ihr erster Flug führt die beiden auf eine große Wiese. Dort ist alles neu und aufregend. Zum erstenmal in ihrem Leben stehen sie vor einem Frosch. Aber sie wissen nicht, was sie mit ihm anstellen sollen. Woher auch? Bisher wurden sie von ihren Eltern immer mit vorverdauter Nahrung gefüttert.

vierundvierzig Mäuse, zwei junge Hamster und einen Frosch fing. Ein anderer erbeutete in einer Minute fünfundzwanzig Grillen.

Ende August packt die jungen Störche das Fernweh. Dann reisen sie nach Afrika, wo es keinen Winter gibt, wo sie immer genügend Frösche und Heuschrecken finden. Der Weg dorthin ist weit. Mehr als zehntausend Kilometer müssen die Störche fliegen. Dafür brauchen sie viele Wochen. Unterwegs können sie sich nur selten sattfressen, denn sie müssen weite Meere und große Wüsten überqueren. Erst am Ziel geht es ihnen richtig gut. Doch irgendwann zieht es sie zurück auf das Dach einer alten Scheune.

Störche bringen Beutetiere nie im Schnabel nach Hause. Alles, was sie finden, verschlucken sie und würgen es daheim im Nest wieder aus.

Auch nach dem ersten Ausflug kümmern sich die Storcheneltern noch eine Zeitlang um ihre Kinder. Sie schreiten mit ihnen durch die Wiese und zeigen ihnen, wie man Beute fängt. Die jungen Störche lernen schnell. Bald fressen sie alles, was ihnen vor den Schnabel kommt. Man hat beobachtet, daß ein einziger Jungstorch in einer Stunde

Störche verbringen den Winter in Afrika.

Dort lassen sie es sich richtig gut gehen.

Wußtest du,

daß junge Störche einen
schwarzen Schnabel und
schwarze Beine haben?

Störche leben gern in
Menschennähe. Sie
bauen ihre großen Nester
auf Bauernhäusern,
Scheunen und Ställen.
Manchmal nisten sie
sogar auf dem Kirch-
turm. Die Dorfbewohner
freuen sich darüber.
»Ein Storch auf dem
Dach bringt Glück«,
sagen sie.

Der Weißstorch

Größe:	etwa einen Meter groß, Gewicht drei Kilogramm
Nahrung:	Frösche, Mäuse, Regenwürmer, Heuschrecken
Lebenszeit:	etwa 25 Jahre
Feinde:	kaum natürliche Feinde, bedroht durch Stromleitungen und Nahrungsmangel
Besondere Merkmale:	lange rote Beine, roter Schnabel
Typisches Verhalten:	Männchen und Weibchen begrüßen sich mit Schnabel-klappern

Krähenschwärme

Der Sommer geht zu Ende. Auf den Feldern wird die letzte Ernte eingebracht, und die Wiesen verlieren langsam ihr buntes Kleid. Nur vereinzelt blühen hier und da noch eine Margerite oder eine Flockenblume. Auch die melodischen Lieder der Singvögel verstummen allmählich. Bei Spaziergängen hört man fast nur noch das heisere Krächzen der Krähen. Diese großen schwarzen Vögel bevölkern nun zu Tausenden die abgeernteten Felder. Dicht nebeneinander trippeln sie über den Boden und suchen nach Nahrung. Sie picken das Saatgut auf, ziehen Regenwürmer aus ihren Erdröhren, schnappen sich Insektenlarven und kleine Schnecken, und manchmal erbeuten sie sogar eine Maus. Bei der kleinsten Störung fliegen plötzlich alle auf und sammeln sich mit lautem »krah krah« in einem Baum - eine günstige Gelegenheit, die ganze Gruppe genauer zu betrachten.

Im Fernglas erkennst du Saatkrähen, Rabenkrähen und Dohlen. Auf den ersten Blick sehen sich diese drei Vogelarten zum Verwechseln ähnlich. Alle haben ein schwarzes Federkleid und einen kräftigen dunklen Schnabel. Erst bei genauem Hinsehen werden die Unterschiede deutlich: Das Gefieder der Rabenkrähen glänzt tiefschwarz, das der Saatkrähen zeigt einen purpurnen Schimmer. Saatkrähen tragen einen weißgrauen Ring um den Schnabelansatz, der den Rabenkrähen fehlt. Dohlen erkennst du an ihrem grauen Hinterkopf. Außerdem sind sie deutlich kleiner als die anderen Rabenvögel.

Woher kommen diese schwarzen Vogelscharen, und warum treten sie gerade jetzt in so großer Zahl auf? Mit Beginn des Herbstes gesellen sich viele Saatkrähen aus dem hohen Norden zu unseren heimischen Rabenvögeln.

Der Winter hat sie von zu Hause vertrieben. In Eis und Schnee fanden sie nicht mehr genug zu fressen. Bei uns dagegen gibt es Nahrung in Hülle und Fülle. Deshalb bleiben sie uns auch bis zum nächsten Frühjahr treu. Im nebelverhangenen November werden wir ihnen noch oft begegnen.

Saatkrähen schlafen gemeinsam in großen Kolonien. Sie kehren jeden Abend zum gleichen Schlafplatz zurück.

Der Bauer legt mit seinem Pflug eine Fülle von Regenwürmern, Insektenlarven und kleinen Schnecken frei. Damit verschafft er den Rabenvögeln vorübergehend eine reich sprudelnde Nahrungsquelle.

Kennst du die Tiere in Feld und Wiese?

Die Tiere in Feld und Wiese sind sehr scheu. Die Illustratorin hat sie für uns auf dieser Karte versammelt. Viele davon hast du in diesem Buch kennengelernt. Kennst du ihre Namen?

Die Auflösung steht auf der nächsten Seite.

1 Marienkäfer
2 Zwergmaus
3 Mäusebussard
4 Feldlerche
5 Honigbiene
6 Kleiner Heufalter
7 Krabbenspinne
8 Hauhechelbläuling
9 Weißstorch
10 Feldhase
11 Feldmaus
12 Hamster
13 Rebhuhn
14 Erdhummel

Kleines Lexikon

Dieses kleine Lexikon findest du in jedem Kinder-Kosmos. Wenn du nun jedes Lexikon abschreibst und alles neu alphabetisch ordnest, kannst du dir selbst ein großes Kinder-Kosmos-Lexikon zusammenstellen.

Balz ist das Werben der Tiere um einen Partner.

Befruchtung Wenn eine männliche Samenzelle und eine weibliche Eizelle miteinander verschmelzen, spricht man von Befruchtung.

Bestäubung Von Bestäubung spricht man, wenn Blütenstaub einer Pflanze auf die Narbe im Blütenkelch einer anderen Blüte übertragen wird. Das kann durch den Wind geschehen oder durch Tiere, zum Beispiel durch Insekten.

Beute Wenn ein Tier ein anderes erlegt und frißt, ist das seine Beute.

flügge Viele Tierkinder verlassen ihr Nest erst, wenn ihre Flügelfedern ausgewachsen sind. Erst dann können sie fliegen, dann sind sie flügge.

Greifvogel Vögel, die ihre Beute mit den Füßen ergreifen und töten, nennt man Greifvögel. Bekannte Greifvögel sind der Mäusebussard, der Habicht, der Turmfalke und der Sperber. Alle Greifvögel sehen sehr gut. Mit ihren großen Augen erkennen sie eine Maus bereits aus 200 Meter Entfernung. Typisch für sie ist ein spitzer Hakenschnabel.

Horst Die Nester großer Vögel wie Reiher, Störche, Greifvögel und Raben, nennt man Horste. Sie bestehen aus Ästen und Reisig und werden über viele Jahre immer wieder zum Brüten benutzt.

Insekten Das ist die größte Tiergruppe der Erde. Der Körper der Insekten besteht aus dem Kopf, dem Vorderkörper (Brust) und dem Hinterleib. Alle Insekten haben sechs Beine.

Larve Larven schlüpfen aus den Eiern vieler Tiere. Sie haben ganz unterschiedliche Namen: Beim Frosch heißen sie Kaulquappen, bei den Bienen Maden, bei den Schmetterlingen Raupen. Larven sehen meist anders aus als die erwachsenen Tiere und leben auch anders.

Nektar ist eine zuckerhaltige flüssige Ausscheidung von Pflanzen und eine wichtige Nahrungsquelle für Insekten.

Nestflüchter Bei manchen Vogelarten verlassen die Küken schon kurz nach dem Schlüpfen das Nest. Sie laufen hinter ihren Eltern her und werden von ihnen bewacht.

Nesthocker dagegen werden so lange von ihren Eltern gepflegt und gefüttert, bis sie sich selbst versorgen können. Sie kommen nackt und häufig auch blind zur Welt.

Pollen wird auch Blütenstaub genannt. Er bezeichnet die männlichen Geschlechtszellen einer Blüte.

Puppe Manche Insekten legen während ihrer Entwicklung eine Ruhezeit in einem Köcher ein. Diesen Köcher nennt man Puppe. Während der Zeit in der Puppe findet die entscheidende Umwandlung zum fertigen Insekt statt. Käfer bekommen in dieser Zeit zum Beispiel ihre Flügel.

Raupe So nennt man die Larve der Schmetterlinge.

Räuber Ein Tier, das ein anderes erlegt und frißt, nennt man Räuber. Das erlegte Tier ist die Beute.

62 **Revier** Das Gebiet, in dem ein Tier lebt, jagt und Weibchen anlockt. Es wird fast immer gegen Tiere der gleichen Art verteidigt.

Staubgefäße das sind männliche Geschlechtsorgane der Blüte. In ihnen wird der Blütenstaub, auch Pollen genannt, hergestellt.

Tarnung Viele kleine, wehrlose Tiere überleben nur, weil sie sich geschickt tarnen. Sie ahmen Pflanzenteile ihrer Umgebung nach und täuschen damit ihre Feinde. Zum Beispiel sehen ruhende Schmetterlinge manchmal aus wie welke Blätter, und Spannerraupen sind von trockenen Ästen nicht zu unterscheiden. Es gibt aber auch Räuber, die auf gute Tarnung vertrauen. Krabbenspinnen sind beispielsweise immer so gefärbt wie die Blüte, auf der sie sitzen.

Register

Hier findest du eine alphabetische Liste von wichtigen Namen und Begriffen, die in diesem Buch vorkommen. Die danebenstehenden Zahlen zeigen dir, auf welcher Seite im Buch du mehr darüber erfahren kannst.

64 Diese Seite heißt in der Fachsprache der Verlage
»Impressum«. Oft steht sie auch am Anfang eines Buches,
und immer erfährt man daraus, wer dieses Buch gemacht
hat: Der Autor oder die Autorin, Illustratoren und
Fotografen - Männer und Frauen -, die Mitarbeiter und
Mitarbeiterinnen in den Verlagen und in den technischen
Betrieben wie Setzerei, Reproanstalt, Druckerei und
Binderei.

Die Konzeption und Texte dieses Buches sind von
Dr. Eva-Maria Dreyer, die Illustrationen von Hildburg
Thiemeyer.

Umschlaggestaltung: Atelier Reichert, Stuttgart, unter
Verwendung einer Illustration von Hildburg Thiemeyer und
zwei Farbfotos von H. Reinhard, Heiligkreuzsteinach.

Die Autorin, **Dr. Eva-Maria Dreyer**, ist Biologin und lebt
mit ihrer Familie in einem naturnahen Gebiet bei Kiel.
Durch ihre beiden naturinteressierten Töchter ist sie mit
der altersgerechten Vermittlung von Sachthemen vertraut.
Als Autorin und Übersetzerin hat Dr. Eva-Maria Dreyer
auch an Fernsehfilmen und Büchern mitgearbeitet.
Ihr Titel »Tiere am Teich« kam auf die Auswahlliste des
Deutschen Jugendliteraturpreises. »Tiere in Feld und
Wiese« ist ihr viertes Kinderbuch in dieser Reihe.

Die Illustratorin **Hildburg Thiemeyer** lebt in Köln. Sie
hat bereits zahlreiche Bücher zu Naturthemen illustriert.
In der Reihe »Der Neue Kinder Kosmos« erschienen
bisher von ihr: »Tiere im Regenwald«, »Tiere im Hohen
Norden« und »Tiere in Afrika«.

Mit 43 Farbfotos von:
Tierbildarchiv Angermayer, Holzkirchen (S. 37 unten);
Dr. H. Brehm, Schrozberg-Spielbach (S. 54); W. Dreyer,
Probsteierhagen (S. 33 oben); E. Elfner/Tierbildarchiv
Angermayer, Holzkirchen (S. 9); R. Fieselmann, Eningen
(S. 14, 24/25); R. König, Kiel (S. 10, 23, 30, 32 links,
47 beide); L. Lenz, Cochem (S. 29 oben); A. Limbrunner,
Dachau (S. 38); H. Pfletschinger/Tierbildarchiv Angermayer,
Holzkirchen (S. 19 beide, 25, 44, 49, 51 beide); H. Reinhard,
Heiligkreuzsteinach (S. 15, 21, 24 links, 32/33, 33 unten, 35,
43 oben): H. Reinhard/Tierbildarchiv Angermayer, Holz-
kirchen (S. 5, 27 links, 43 unten); W. Rummel, Erlangen
(S. 12); F. Sauer, Karlsfeld (S. 22 beide, 39); K. Vogt/Juniors
Tierbild Archiv, Thalfingen (S. 29 unten); G. Ziesler/Tierbild-
archiv Angermayer, Holzkirchen (S. 27 rechts, 37 oben, 57).

Die Deutsche Bibliothek – CIP-Einheitsaufnahme
Tiere in Feld und Wiese /
Eva-Maria Dreyer ; Hildburg Thiemeyer. –
Stuttgart : Franckh-Kosmos, 1995
  (Der neue Kinder-Kosmos)
  ISBN 3-440-06853-6
NE: Dreyer, Eva-Maria; Thiemeyer, Hildburg

© 1995, Franckh-Kosmos Verlags-GmbH & Co. Stuttgart
Alle Rechte vorbehalten
ISBN: 3-440-06853-6
Lektorat: Claudia Schuller, Birgitta Barlet
Printed in Italy/Imprimé en Italie
Layout: Atelier Reichert, Stuttgart
Herstellung: Die Herstellung, Stuttgart
Satz: A & M dtp, Stuttgart
Reproduktion: Master Image, Singapur
Druck und Bindung: Printer Trento S.p.l., Trento